Maria Szepes

Panni Pünktchen
im Kindergarten

Maria Szepes

PANNI PÜNKTCHEN IM KINDERGARTEN

Mit Zeichnungen von
Anna F. Györffy

Ungarischer Originaltitel: Pöttyös Panni az óvodában
© Originaltext: Maria Szepes, Erben
Illustrationen von Anna F. Györffy
verlegt bei MORA Verlag, Budapest, 2008

© der deutschsprachigen Ausgabe:
leiv Leipziger Kinderbuchverlag GmbH
1. Auflage 2010

Druck und Binden: Sachsendruck Plauen GmbH
Printed in Germany

ISBN 978-3-89603-347-5
www.leiv-verlag.de

PETER, DER SCHMUTZFINK

Panni betrat die Wohnung und sah sich verwundert um.

„Oma", rief sie überrascht aus, „das Zimmer ist ja seit den Sommerferien viel kleiner geworden! Wahrscheinlich ist es eingelaufen wie deine Schürze, die du gewaschen hast."

Oma musste lachen.

„Aber nein, Pannilein", sagte sie, „du bist größer geworden. Du bist gewachsen."

„Wirklich?", fragte Panni erfreut und lief zum Spiegel. „Das habe ich gar nicht gemerkt. Wann bin ich denn gewachsen? Im Schlaf?"

„Nicht nur im Schlaf. Du bist ständig gewachsen, auch wenn du wach warst. Aber ganz, ganz langsam."

Panni schaute Oma an und musterte sie von Kopf bis Fuß.

„Bist du auch gewachsen, Oma?"

„Ich wachse nicht mehr, Panni. Im Gegenteil, je älter ich werde, desto kleiner werde ich auch."

„Dann wird auch das Zimmer hier immer älter", sagte Panni. Doch plötzlich blieb ihr das Wort im Munde stecken. „Aber wie werden wir darin Platz haben, wenn es ganz klein und alt geworden ist?", fragte sie erschrocken.

Oma hob Panni hoch und küsste sie.

„Ich sagte dir doch, dass sich das Zimmer nicht verändert. Es erscheint dir nur kleiner, weil du jetzt immer in Tante Katis großem Garten gespielt hast."

Im Flur wurde Gepolter laut.

„Das ist Peter", sagte Panni aufgeregt. „Darf ich ihn hereinlassen?"

Da stand Peter schon in der Tür.

„Denk dir, ich habe sieben Hirschkäfer und eine richtige Spinne", rief er.

„Hast du sie bei dir?", fragte Panni und wich einen Schritt zurück.

„Nein, ich habe die Schachtel in den Ofen gesteckt. Jetzt wird nicht geheizt. Meine Mutti hat große Angst vor Käfern."

„Ich auch", gab Panni leise zu.

„Weil du ein Mädchen bist. Alle Mädchen sind feige."

„Ich bin nicht feige", widersprach Panni heftig. „Aber ich bin gewachsen. Ich wachse immerzu. Oma hat es gesagt."

Sie stellte sich neben Peter. Ihre Schultern überragten um Haaresbreite die Schultern des Jungen.

„Siehst du!", rief sie freudestrahlend aus. „Ich bin größer als du."

„Ha! Du dicke Nudel!", schrie er und versetzte ihr einen heftigen Stoß.

Panni brach in Tränen aus. Oma kam aus der Küche.

„Aber Peter! So begrüßt du deine Freundin?"

Panni schluchzte.

Peter schwieg trotzig.

Da nahm Oma Peter an die Hand und schob ihn zur Tür hinaus.

„Geh jetzt nach Hause, Peter!"

Peter aber ging nicht nach Hause. Er sprang die Treppe hinunter, immer zwei Stufen auf einmal. Dann strolchte er allein im Garten umher. Er langweilte sich schrecklich. Denn allein kann man weder spielen noch Dummheiten anstellen. Peter sah zu Pannis Wohnung hinauf und rief: „Panni!"

Sofort kam Panni ans Fenster.

„Was willst du denn?", fragte sie misstrauisch.

„Gestern habe ich den Pisti Bubor besiegt. Dabei geht er schon in die Schule."

„Das ist nicht wahr!"

„Doch. Ich besiege alle, das kannst du mir glauben!"

„Vertrage dich lieber mit allen, sonst spiel ich nicht mehr mit dir."

„Wenn du mir glaubst, dass ich den Pisti Bubor besiegt habe, dann raufe ich mich mit niemandem mehr."

„Also schön, ich glaube es", antwortete Panni. Sie konnte es kaum erwarten, zu Peter hinunterzulaufen. Im Nu war sie unten. Im Garten rannten Panni und Peter um die Wette. Peter kam als Erster am Ziel an.

„Ich habe deinen Brief bekommen", sagte er.

„Und warum hast du mir nicht geantwortet?", fragte Panni. „Tamara hat in ihren Brief sogar ihre Schaukel und eine Mohnstolle gemalt."

„Ich bin lieber auf Rattenjagd gegangen."

Panni starrte ihn an.

„Auf Rattenjagd? Wo denn?"

„Hier vor dem Haus. Ich habe das eiserne Gitter vom Abflussrohr weggenommen und dann vor dem Loch gelauert. Sogar Steine habe ich hineingeworfen."

„Und was hat die Ratte gemacht?"

„Die wagte nicht herauszukommen. Aber Fräulein Molnar war schon bei mir."

„Fräulein Molnar? Wer ist denn das?"

„Na, die Kindergärtnerin!"

„Was wollte sie denn?"

„Mich kennenlernen. Und dann hat sie gesagt, dass wir immer gute Freunde sein wollen."

„Und du, was hast du geantwortet?"

„Ich habe ihr die Würmer gezeigt, du weißt doch, die ich in den Blumentopf gesteckt habe."

Panni staunte.

„Und sie hat sich nicht erschrocken?", fragte sie und schüttelte sich.

„Nein. Sie hat mir aus Zeitungspapier ein Boot und einen Helm gefaltet. Sie ist sehr nett, wie eine Mutti oder wie ein Junge."

Panni wurde still. Auf einmal hatte sie keine Lust mehr zu spielen. Sie ging zur Oma hinauf. Der Besuch der Kindergärtnerin ließ ihr keine Ruhe.

„Oma, warum ist die Kindergärtnerin nicht zu mir gekommen?", wollte Panni wissen.

„Vielleicht war sie hier", meinte Oma.

„Aber ich habe sie gar nicht gesehen", entgegnete Panni erstaunt.

„Wir waren nicht zu Hause. Peters Mutter hat es mir erzählt. Fräulein Molnar will dich auch besuchen."

Und wirklich, am nächsten Nachmittag kam die Kindergärtnerin. Tamara war gerade bei Panni.

Fräulein Molnar war sehr lieb. Aber in einem irrte sich Peter: Sie war nicht wie eine Mutti oder ein Junge, sondern wie ein Mädchen: wie Tamara und Panni. Sie spielten gemeinsam mit dem Puppenhäuschen, und Fräulein Molnar sagte: „Für den Tisch hier schneiden wir eine Papierspitzendecke aus. Und aus dem Fenster hängen wir eine Fahne, damit jeder sehen kann: Hier wohnt ein Mädchen, das in den Kindergarten geht und schon eine Fahne malen kann."

Die Oma brachte Papierservietten und eine Schere. Fräulein Molnar faltete die Serviette zusammen und – ritsch-ratsch – hatte sie eine schöne Spitzendecke gezaubert.

Die Fahne malten sie mit Pannis Buntstiften an. Für die Fahnenstange wurde ein Stöckchen genommen, an das sie die grün-

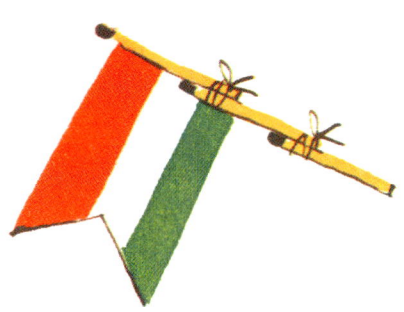

weiß-rote Fahne nähten. Dann aber klapperten auch die beiden Mädchen eifrig mit der Schere, und am Ende hatten sie aus allen Servietten hübsche Sachen geschnippelt.

Das Puppenzimmer sah jetzt wunderschön aus. Auf

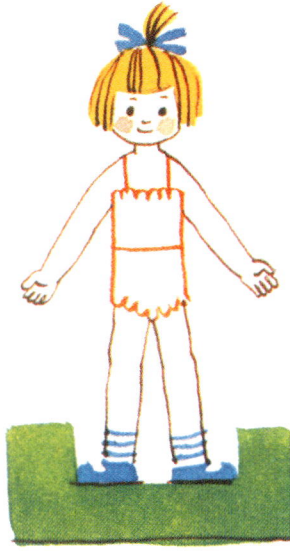

dem Tisch lag eine Spitzendecke, vor den Fenstern der Puppenstube hingen Spitzengardinen. Nun konnte Puppenbesuch kommen.

Fräulein Molnar zeichnete daher für Tamara und Panni lustige Ankleidepuppen.

Die Mädchen schnitten die Puppen aus und wünschten sich hübsche Kleider für sie. Tamara bat die Kindergärtnerin um ein pelzbesetztes Eislaufkostüm. Fräulein Molnar zeichnete ein wunderhübsches Kleid, Tamara hätte es am liebsten selbst angezogen.

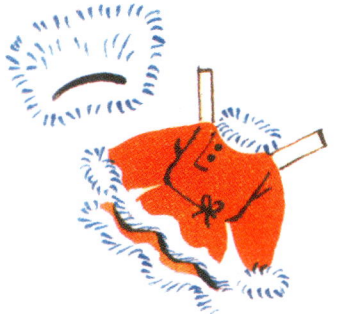

Panni wollte gern eine Bauerntracht, und die Kindergärtnerin erfüllte auch ihren Wunsch.

Sie schnitten die Kleider aus. Und als sie den beiden Puppen die Kleider angehängt hatten, schlug sogar die Oma die Hände über dem Kopf zusammen, so schön sahen sie aus.

Dann gingen Pannis und Tamaras Ankleidepuppen auf ein Kinderfest. Ein Koreaner, ein Pole, ein Italiener, ein Tscheche, ein Bulgare und eine kleine Moskauerin waren da. Zwei große

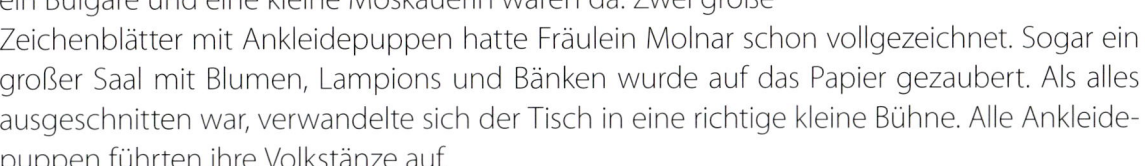

Zeichenblätter mit Ankleidepuppen hatte Fräulein Molnar schon vollgezeichnet. Sogar ein großer Saal mit Blumen, Lampions und Bänken wurde auf das Papier gezaubert. Als alles ausgeschnitten war, verwandelte sich der Tisch in eine richtige kleine Bühne. Alle Ankleidepuppen führten ihre Volkstänze auf.

Und so sahen die beiden Zeichenblätter aus, bevor Panni und Tamara die Puppen und den Schmuck ausgeschnitten hatten. Wenn ihr wollt, könnt auch ihr das alles basteln.

Panni und Tamara waren im schönsten Spiel, als Peter vom Garten heraufschrie: „Panni, komm schnell herunter! Ich hab prima Eierpampe gemacht."

Die Kindergärtnerin, Tamara und Panni schauten aus dem Fenster. Panni brachte kein Wort über die Lippen, als sie Peter sah. Um die Wahrheit zu sagen: Sie ahnte nur, dass es Peter war. Denn das, was da auf allen vieren neben einem großen Sandberg im Garten umherkroch, erinnerte eher an einen Teddybären, der in einen Topf mit Pflaumenmus gefallen war. Peter war von Kopf bis Fuß mit Schlamm bedeckt. Sogar sein blondes Haar war unter der dicken Schmutzschicht verschwunden. Fräulein Molnar schaute Peter an.

„Guten Tag, Peter", grüßte sie in heiterem Ton. „Jetzt weiß ich wenigstens, dass du in der ersten Woche Waschraumdienst im Kindergarten haben wirst."

„Au fein!", rief der Schmutzpeter herauf. „Was muss ich da tun?"

„Darauf achten, dass alle Kinder vor dem Essen die Hände schön sauber gewaschen haben."

„Und wer schmutzige Hände hat, wird von mir geboxt", erklärte Peter.

„Schicke ihn lieber in den Waschraum zurück. Und sei so gut, Peter, schau dir mal deine Hände an", forderte die Kindergärtnerin ihn ruhig auf.

Peter blieb stehen und blickte auf seine mit Schlamm verkrusteten Hände.

„Nun, wie sehen sie aus?", fragte Fräulein Molnar.

„Sie sind schmutzig."

„Was soll also jetzt mit dir geschehen?", fragte die Kindergärtnerin.

„Ich gehe mich gleich waschen", rief Peter und lief ins Haus.

„Warum hat Peter eigentlich gleich in der ersten Woche Waschraumdienst?", fragte Tamara die Kindergärtnerin. „Panni ist doch viel sauberer als er."

„Peter bekleckert sich immerzu", warf Panni ein. „Er steckt sich sogar ein Marmeladenbrot in die Tasche. Und neulich hat er sich eine Augenbraue abgeschnitten."

„Gerade deshalb muss er lernen, sauber und ordentlich zu sein", erklärte Fräulein Molnar. „Wer Waschraumdienst hat, muss für Sauberkeit sorgen. Er kann nur dann die anderen Kinder ermahnen, wenn er selbst ordentlich und sauber ist. Denn sonst machen sich alle Kinder über ihn lustig. Panni hat dann in der nächsten Woche Waschraumdienst."

Fräulein Molnar sagte den beiden Mädchen auf Wiedersehen. Panni wollte ihre Kindergärtnerin begleiten. Ein paar Tränen flossen, als sie hörte, dass sie noch fünfmal schlafen musste, bevor sie in den Kindergarten gehen konnte.

„Du hast auch noch keine Frühstückstasche", meinte Oma. „Morgen kaufen wir dir eine, vielleicht mit bunten Blumen bestickt."

„Ich bin jetzt ganz sauber", rief in diesem Augenblick Peter herauf. „Sogar die Ohren habe ich mir gewaschen. Wo ist die Kindergärtnerin?"

Panni lehnte sich aus dem Fenster. „Sie ist schon weg. Was wolltest du denn von ihr?"

„Was geht dich das an", sagte Peter ärgerlich.

Oma schickte die beiden Mädchen in den Garten spielen.

„Du solltest dich schämen", sagte Panni zu dem verdrossenen Peter. „Du hast dich nur gewaschen, damit dir Fräulein Molnar einen Bonbon gibt."

„Das ist nicht wahr", widersprach Peter und wurde rot. „Ich habe mich gewaschen, weil ich Waschraumdienst habe. Von jetzt an werde ich immer sauber sein."

Am Abend, als er schon im Bett lag, gestand er seiner Mutter: Er hatte sich so sehr gewünscht, dass die Kindergärtnerin ihn vor den beiden Mädchen lobte.

DER SPIELZEUGGARTEN

Panni wachte schon in aller Frühe auf. Oma schlief noch. Panni tat es leid, sie zu wecken. Sie starrte in dem Halbdunkel mit weit aufgerissenen Augen zu ihr hinüber. Sie hoffte, Oma würde davon aufwachen. Schrecklich, dachte sie, die Sonne scheint schon durch die Vorhänge. Bestimmt ist es sehr spät, und Oma hat verschlafen, weil der Wecker nicht geklingelt hat. Dabei ist heute ihr großer Tag.

Vorsichtig kletterte Panni aus dem Bett und schlich auf Zehenspitzen zum Tisch, auf dem die Uhr tickte. Sie schaute neugierig auf das alte Zifferblatt. Es sah sie nur streng an und sagte gar nichts. Panni konnte die Zeit noch nicht ablesen. Die beiden Zeiger der Uhr hatten das runde Zifferblatt genau in zwei Hälften geteilt. Der große Zeiger wies nach oben, der kleine nach unten, und zwar so:

Panni war schon ganz traurig, als die Oma mit verschlafener Stimme

sagte: „Warum schläfst du nicht, Panni? Geh zurück ins Bett. Es ist doch erst sechs."

Panni wusste nun: Wenn die Zeiger das Zifferblatt genau in zwei Hälften teilen, ist es sechs Uhr.

„Wir kommen bestimmt zu spät", rief sie. „Wir müssen aufstehen."

„Du kannst ruhig noch ein halbes Stündchen schlafen."

„Ich bin ganz und gar ausgeschlafen", behauptete Panni und kroch noch einmal in ihr Bettchen. Sie wusste selbst nicht, wie es kam, aber schon im nächsten Augenblick hörte sie die Oma:

„Aufstehen, Panni, sonst kommst du wirklich zu spät in den Kindergarten, und noch dazu am ersten Tag."

Erschrocken sprang Panni aus dem Bett.

„Wie spät ist es denn?", fragte sie und sah auf die Uhr, deren Zeiger jetzt so standen: Sieben Uhr.

„Ist das möglich?", rief Panni verwundert aus. „Nur der kleine Zeiger hat sich weitergedreht. Der große ist an derselben Stelle stehen geblieben."

„Du irrst dich", meinte Oma lächelnd. „Der große Zeiger ist bereits um das ganze Zifferblatt herumgelaufen, der kleine dagegen nur von einer Zahl zur anderen gewandert. Du hast genau eine Stunde geschlafen, und jetzt ist es sieben Uhr."

„Dann ist also der große Zeiger fleißig, der kleine aber faul."

„So ist es", stimmte Oma zu. „Und jetzt warst du der kleine Zeiger und ich der große. Ich habe mich in der Zwischenzeit schon gewaschen und angezogen und das Frühstück zubereitet."

Bevor Panni ins Badezimmer ging, warf sie noch einen neugierigen Blick auf den Wecker. Sie malte sich aus, wie der große Zeiger – die Oma – fleißig im Kreis herumlief, während der kleine Zeiger – Panni – noch in tiefem Schlaf lag.

Zum Glück war der Kindergarten ganz in der Nähe. Sonst wären sie zu spät gekommen, weil Peter noch nicht fertig war. Peters Mutti hatte jeden Morgen Mühe und Not, ihn aus dem Bett zu holen. Und überhaupt machte er alles, was er tun musste, nur sehr ungern.

Schon an der Tür des Kindergartens erblickte Panni Fräulein Molnar. Die Kindergärtnerin winkte ihr bereits von Weitem freundlich zu. Hinter ihr standen und sprangen unter großen, schattigen Bäumen kleine Jungen und Mädchen. Panni wusste gar nicht, wohin sie zuerst schauen sollte, so viel gab es zu sehen. Sie merkte nicht einmal, als Oma sich verabschiedete.

Panni war sehr glücklich. Sie fand den Garten wunderschön. Überall leuchteten bunte Spielsachen: kleine rote Eimer und Gießkannen, Schubkarren, Lastwagen und viele, viele Bälle. An einem Puppenwaschfass stand ein blondes Mädchen und wusch eifrig. Ein anderes Mädchen formte auf einem Brett Sandkuchen. Die Jungen setzten Brummkreisel in Bewegung oder spielten Ball. Zwei Mädchen hielten ein Springseil, und andere sprangen darüber hinweg. Es war ein Spielzeuggarten!

„Nun, Panni, womit möchtest du spielen?", fragte Fräulein Molnar und beugte sich zu ihr.

Sehnsüchtig blickte Panni zu dem Mädchen am Waschfass hinüber. Dahinter war zwischen zwei niedrigen gelben Stühlen eine Leine gespannt.

„Vielleicht kann ich die nasse Wäsche aufhängen?", sagte Panni leise, und die Kindergärtnerin führte sie zu dem Mädchen, das vor dem kleinen Waschfass stand.

„Das ist Jutka Boros. Sie ist genauso alt wie du. Und jetzt sag ihr, wie du heißt."

„Panni Pünktchen", brachte Panni verlegen hervor.

„Aber du hast doch noch einen anderen Namen. Den musst du ihr nennen."

„Panni Juhasz."

„Und warum hast du eben gesagt, Panni Pünktchen?"

„Weil ich einmal die Masern hatte und überall so viele rote Pünktchen wie mein rot gepunktetes Kleid."

Freundlich reichte Jutka Boros Panni ein trockenes Taschentuch. In eine Ecke war ein wunderschöner Teddybär eingestickt. Im Waschfass war kein Wasser.

„Warum wäschst du denn nicht mit Wasser?", fragte Panni erstaunt. „Zu Hause wasche ich immer zusammen mit meiner Oma in richtigem Wasser und mit richtiger Seife."

„Der Teddy in dem Taschentuch mag kein Wasser. Ich spiele doch nur große Wäsche."

Sie zeigte Panni einen kleinen weißen Kieselstein, der wie Seife aussah. Dann gab sie ihr das Taschentuch.

Panni nahm es und hängte es auf die Leine.

„Du", versetzte sie aufgeregt, „sagen wir doch einfach, das hier ist ein Teppich, und ich klopfe ihn aus."

„Gut!", willigte Jutka ein. „Da in der Ecke liegt ein kleiner Ausklopfer. Bringe ihn her! Aber schlag damit nicht auf den Teddy, sonst fängt er an zu weinen."

„Tatsächlich?", fragte Panni verwundert. „Er weint wirklich und wahrhaftig? Hört man es auch?"

„Natürlich", bestätigte Jutka ernst. „Ich weine doch für ihn."

Da lief Peter an ihnen vorbei. Er drehte ein kleines rotes Sandsieb in den Händen und schrie aus voller Kehle: „Tut-tut! Tut-tut! Ratte-ratte-ratte!"

„Wo läufst du denn mit dem Sieb hin?", rief Panni ihm nach. Peter bremste den Schritt und fuhr sie wütend an: „Das ist kein Sieb, sondern ein Motorradlenker! Pass auf, sonst überfahre ich dich! Tut-tut! Ratte-ratte-ratte! Hua-hua-hua!" Schnurstracks raste er auf die Mädchen zu. Erschrocken sprangen Panni und Jutka beiseite, das Waschfass aber stürzte um.

„Das ist ein unartiger Junge", sagte Jutka.

„Das ist wahr", gab Panni zu. „Ich kenne ihn, wir wohnen in einem Haus."

„Spiel doch einfach nicht mit ihm."

„Aber er will mit mir spielen. Und wenn ich sage, dass ich keine Lust habe, dann ärgert er mich."

Jutka sagte kein Wort mehr, sie konnte Panni verstehen.

Die fröhliche Stimme der Kindergärtnerin schallte durch den Garten: „Hört zu, Kinder! Fasst euch jetzt alle an. Wir wollen turnen. Aber vorher wird das Spielzeug eingesammelt. Jutka, du suchst alle Eimerchen zusammen. Und du, Panni, stellst die Schubkarren ordentlich nebeneinander auf."

Lachend und kreischend bildeten die Kinder um Fräulein Molnar einen großen Kreis. „Habt ihr schon einmal Spatzen hüpfen sehen?", fragte sie.

„Ja!", riefen die Kinder im Chor.

„Jetzt sollt ihr alle Spatzen sein. Lasst euch los und kommt zu mir gehüpft!"

Nun begann ein lustiges Hopsen und Springen. Im Nu hatten die Kinder Fräulein Molnar dicht umringt. Danach verwandelten sie sich in kleine Eidechsen, sie reckten und dehnten sich. Dann holten alle tief Atem und begannen, die Arme zu drehen, wie eine Windmühle. Peter drängte sich an die Seite der Kindergärtnerin und schrie: „Alle mal hersehen!" Er stützte beide Hände auf den Erdboden, begann mit den Beinen zu strampeln und schrie dabei aus Leibeskräften: „So muss man turnen!"

„Wenn du alles besser weißt, Peter", sagte Fräulein Molnar, „dann brauchst du ja nichts mehr zu lernen. Solange wir spielen, wirst du dort auf der kleinen Bank sitzen."

Und sie führte Peter zu der Bank. Er bekam ganz rote Ohren. Panni merkte ihm an, dass er sehr ungern auf der Bank hockte. Seine Miene wurde von Minute zu Minute finsterer und unruhiger. Plötzlich sprang er auf und reihte sich wortlos wieder ein. Mit großem Eifer turnte er mit.

„Gut, Peter", sagte die Kindergärtnerin anerkennend. „Das machst du wirklich sehr geschickt."

Alle Kinder sahen Peter freundlich an. Peter war sehr stolz.

Die Kindergärtnerin beugte sich wieder zu ihm. „Siehst du", sagte sie, „wenn du ein vernünftiger Junge bist, gefällst du uns, und alle freuen sich über dich."

„Sie auch, Fräulein Molnar?", fragte Peter leise.

„Ich auch!" Sie strich ihm über das Haar, dann klatschte sie in die Hände und rief: „Und jetzt stellt euch zu zweit in einer Reihe auf!"

16

EIN BALL LANDET AUF PETERS NASE

 Die Kinder gehorchten Fräulein Molnar und stellten sich auf: zu zweit oder zu dritt, wie es sich gerade ergab.

Panni ging mit Jutka, hinter ihnen Peter mit einem kleinen Mädchen, das ihn unbedingt anfassen wollte. Aber er duldete es nicht. Wütend riss er sich von ihrer Hand los und stieß das kleine Mädchen schließlich aus der Reihe.

„Aber Peter, was machst du denn da?", fragte ihn die Kindergärtnerin.

„Er hat mich geschubst", sagte die Kleine und weinte. Die Reihe löste sich auf.

„Sie hat ganz klebrige Finger", erklärte Peter trotzig.

„Es ist bloß Marmelade", sagte das Mädchen leise und zeigte ihre Hände.

Fräulein Molnar lächelte. „Schon gut. Wir gehen uns jetzt alle die Hände waschen. Und nun geht ordentlich weiter!"

Überrascht musterten die neu hinzugekommenen Kinder die vielen kleinen Waschbecken, die Seifenhalter und die niedrig angebrachten Spiegel.

Peter stellte sich wieder neben das Mädchen mit den klebrigen Marmeladenhänden.

„Ich habe Waschraumdienst", rief er stolz aus, aber niemand beachtete ihn.

„Peter", wandte sich Fräulein Molnar lächelnd an den aufgeregten Jungen, „zuerst wäschst du dir selbst die Hände. Dann achtest du darauf, dass alle Kinder saubere Hände haben! Hast du verstanden?"

„Ja", antwortete Peter eifrig und begann sofort, sich die Hände einzuseifen.

Fräulein Molnar suchte inzwischen Handtücher heraus. Wer noch kein Handtuch hatte, durfte sich eins aussuchen. In jedes Handtuch war ein hübsches, buntes Bild gestickt.

„Nun, Peter, was für ein Zeichen möchtest du gern haben?", fragte Fräulein Molnar. „Du kannst dir jetzt eins auswählen. Das ist dann dein Zeichen. Du erkennst daran, wohin du

deinen Mantel hängen musst, wo dein Platz am Tisch ist und in welches Bett du dich nach dem Essen legen sollst."

Ratlos stand Peter da. Er wusste nicht, was er auswählen sollte. Es gab einen Zwerg, einen Ball, einen Eimer, ein Herz, einen Marienkäfer, einen Teddy, eine Puppe, ein Kasperle, ein Eichhörnchen, ein Auto, eine Schubkarre, einen Brummkreisel und noch viele andere Dinge.

„Ein Gewehr ist nicht dabei?", fragte er schließlich.

„Nein."

„Und ein Schwert oder einen Panzer oder einen Hammer gibt es auch nicht?"

„Nein! Du scheinst ja ein kampflustiger kleiner Junge zu sein! Weißt du, ich gebe dir etwas, was es gern hat, wenn man es schlägt."

„Was ist denn das?", fragte Peter neugierig.

Fräulein Molnar hielt ihm ein hübsches Handtuch hin mit einem schönen bunten Ball.

„Einen solchen Ball bekommst du dann später auch von mir zum Spielen."

Mit ernster Miene und ganz stolz teilte Peter Seife und Handtücher aus. Auch Panni wusste nicht, welches Zeichen sie wählen sollte. Fräulein Molnar half ihr.

„Da du Pünktchen Panni heißt, schlage ich vor, du nimmst diesen Eimer mit den blauen Punkten und der roten Schaufel."

Dann erwartete die Kinder eine neue Überraschung. Etwas ältere Kinder in sauberen, weißen Kitteln deckten den länglichen, niedrigen Tisch. Mit Tellern, Löffeln, Bechern und Servietten. Sie hatten Tischdienst. Neben jedes Gedeck stellten sie ein kleines Spielzeug. Es waren die gleichen Gegenstände, die in die Handtücher gestickt waren. Glücklich setzte sich Panni vor den Eimer mit den blauen Punkten, aus dem die rote Schaufel hervorsah.

„Das ist mein Platz", erklärte sie zufrieden.

Vergnügt klatschte Peter auf einen bunten Gummiball und ließ ihn hochspringen. „Dieser Dumme hat es gern, wenn man ihn schlägt", rief er und warf den Ball mit voller Kraft an die Wand. Knallend flog er dagegen, prallte zurück und landete genau auf Peters Nase. Eine Weile stand Peter wortlos da. Dann presste er die Hand auf die Nase, die knallrot anlief, und begann zu weinen.

„Siehst du", sagte die Kindergärtnerin, „so dumm ist der Ball gar nicht, denn manchmal schlägt er auch zurück."

Aber der Kakao und die knusprigen frischen Brötchen trösteten Peter rasch.

DIE TÜR

Später führte Fräulein Molnar die Kinder in einen anderen Raum. Hier standen kleine bunte Stühle, niedrige Tische und Spielzeugregale mit Holzstäben, glänzenden bunten Papierbogen, Tuschkästen, Würfeln und Kugeln. Mit all den vielen kleinen Dingen durften die Kinder spielen.

Bis zum Mittagessen spielten und bastelten sie dann auch eifrig. Sie klebten Buntpapier auf Stäbchen und strichen kleine Holzkugeln blau und rot an. Aus dem Buntpapierbogen, den Kugeln, Stäben und Würfeln, die die Kinder geklebt, bemalt und ausgeschnitten hatten, stellte Fräulein Molnar wunderschöne kleine Häuser mit Fenstern, Schornsteinen und Fahnen zusammen.

Dann wurde zum Mittagessen gerufen. Panni hatte noch nie so großen Hunger gespürt wie heute. Sie konnte es kaum erwarten, bis sich alle die Hände gewaschen hatten. Schnell setzte sie sich auf den Stuhl, vor dem die Serviette mit dem Pünktchen-Eimer lag. Sie ließ es sich gut schmecken und aß sauber ihre Teller ab.

Nach dem Essen brachte die nette Frau Fekete zusammenklappbare kleine Betten herein und stellte sie nebeneinander auf. Und hier begann die sonderbare kleine Geschichte von dem ungehorsamen Peter und der Tür.

Misstrauisch beobachtete Peter eine Weile das Bettenaufstellen. Plötzlich erklärte er laut: „Ich lege mich nicht hin. Ich bin doch kein Baby mehr. Lieber schlage ich inzwischen überall Nägel ein."

Fräulein Molnar sagte mit Nachdruck: „Wenn du bisher nach dem Essen nicht geruht hast, so wirst du es bei uns tun."

Peter nahm wortlos eine kleine Schubkarre und fuhr damit heftig gegen einen rundlichen kleinen Jungen. Der kleine Dicke begann laut zu weinen. Peter stürzte aus dem Zimmer. Seine Schritte klapperten über den Fußboden, Türen wurden zugeschlagen. Dann war es still.

„Wo ist denn Peter hingelaufen?", fragte Panni ängstlich.

„Ich suche ihn gleich", sagte Fräulein Molnar.

Rasch legten sich die Kinder auf die Betten und deckten sich zu.

Plötzlich drang Geschrei zu ihnen herüber. Irgendwo schrie ein kleiner Junge, hämmerte und stieß gegen eine verschlossene Tür. Fräulein Molnar eilte aus dem Schlafraum. Bald kam sie mit

dem völlig verstörten, Tränen verschmierten Peter zurück. Er ließ sich zu Bett bringen, und Fräulein Molnar deckte ihn zu.

Panni fragte leise: „Was ist denn mit Peter geschehen?"

„Die Tür ist hinter ihm zugefallen", sagte Fräulein Molnar. „Sie hat Peter ein bisschen Angst gemacht."

„Dann hat sie den Peter ausgesperrt", stellte Panni fest. „Und hat sie sich allein zugeschlossen?"

„Natürlich nicht. Aber Peter dachte es und stieß und hämmerte gegen die Tür. So, Kinder, jetzt wird aber geschlafen."

Die Kinder schlossen die Augen. Auch Peter war bald eingeschlafen.

Die Wochen verflogen schnell. Eines Tages fragte Fräulein Molnar die Kinder. „Wer von euch erzählt denn zu Hause vom Kindergarten?"

„Peter erzählt, er boxt alle Kinder. Und einmal hätte er einen großen Löwen gefangen. Der Löwe wäre im Garten eingebrochen", verriet Panni.

Peter wurde puterrot vor Wut. Er hob die Hand und stürzte auf Panni zu.

„Du bist eine Petze, schäm dich!", schrie er.

Fräulein Molnar aber hielt ihn am Arm zurück und meinte: „Die Frage ist, ob du es wirklich gesagt hast, Peter?"

Peter gab keine Antwort.

„Wahrscheinlich hast du deiner Mutter nur eine Geschichte erzählt, die du geträumt hast", versuchte Fräulein Molnar ihm zu helfen.

„Er hat keine Geschichte erzählt … er hat geschwindelt …", behauptete Panni. „Seine Mutti war sehr erschrocken. Er hat auch gesagt, dass Sie oft mit uns auf das Dach kriechen, und …"

Peter bückte sich blitzschnell, und ein Kieselstein flog Panni an die Stirn. Sie brach in Tränen aus.

„Es tut mir leid, dass du dich so schlecht benimmst, Peter", sagte Fräulein Molnar ernst. „Ein Kind, das mit Steinen wirft, kann natürlich nicht mit in den Tierpark gehen." Sie wandte sich von ihm ab und klatschte in die Hände. „So, Kinder, stellt euch jetzt auf", sagte sie zu den anderen und legte der schluchzenden

Panni den Arm um die Schulter: „Wir fahren jetzt."

Eine Weile stand Peter betreten da, dann setzte auch er sich in Bewegung und trottete hinter den Kindern her.

„Peter, du darfst leider nicht mitkommen", sagte Fräulein Molnar, als sie ihn bemerkte. „Frau Fekete wird dich nach Hause bringen."

„Ich will aber in den Tierpark", erklärte Peter eigensinnig.

„Du möchtest in den Tierpark, nicht wahr? Dann musst du zuerst Panni bitten, dass sie dir nicht mehr böse ist."

Peter schwieg trotzig. Als sich jedoch das Gartentor öffnete und er vor dem Haus den großen, blitzenden Autobus entdeckte, lief er auf Fräulein Molnar zu und hob flehend den Arm.

Die Kindergärtnerin lächelte und fasste ihn bei der Hand. „Nun, was hast du denn auf dem Herzen, Peter?"

„Ich … ich möchte gern in den Tierpark gehen … und … und ich bitte Panni, mir nicht mehr böse zu sein."

„Siehst du, darüber freue ich mich wirklich. Na, dann komm", sagte sie und half ihm in den Autobus.

ELEFANTEN WERDEN BÖSE, WENN MAN SIE ZUM NARREN HÄLT

Im Tierpark staunten die Kinder immer wieder über die vielen Tiere. Die meisten kannten sie bisher nur aus Bilderbüchern. Und alle lebten wirklich und sprangen und tollten in ihren Käfigen umher. Am lustigsten waren die Tierkinder.

Sie spielten in einem großen Gehege und waren sehr nett zueinander. Das Löwenjunge und das Rehkitz, der junge Fuchs und das Schäfchen, das Häschen, der verspielte Tiger und die beiden zottigen Bären. Neugierig musterten sie die kleinen Besucher. Kinder und Tiere bestaunten sich gegenseitig. Peter behauptete schließlich, die beiden Bären hätten ihm zugelächelt und mit den Tatzen gewinkt. Beide hätten gesagt, dass sie mit nach Hause kommen möchten. Peter begann zu weinen, als man ihn von dem Gatter wegziehen wollte.

„Schäme dich", rügte Panni ihn, „du schwindelst schon wieder. Die Bären haben keinen Mucks gesagt. Ich hätte das bestimmt auch gehört."

Peter beugte sich zu den kleinen Bären und nickte ihnen eifrig zu. Und tatsächlich – wackelten die Bären unentwegt mit ihren zottigen Köpfen.

„Siehst du?", rief Peter aufgeregt. „So haben sie es mir gesagt. Mit den Köpfen."

In diesem Augenblick trat der Tierpfleger in den Käfig. Zwei große Milchflaschen mit Saugern hielt er in der Hand. Die Bären kümmerten sich nicht mehr um Peter. Sie liefen zu ihrem Tierpfleger und hielten ihm die breiten, behaarten Tatzen hin. Der Pfleger steckte jedem Bär einen Sauger in das Schnäuzchen. Sie umklammerten die Milchflaschen und hielten sie ganz fest.

Die Kinder besuchten auch die erwachsenen Tiere. Besonders die Affen gefielen ihnen. Ihre Füße sahen beinahe so aus wie

die Hände. Und mit diesen vier Händen konnten sie greifen und zupacken wie die Menschen.

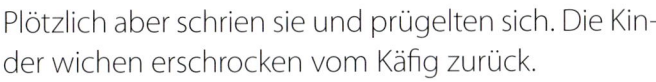

Peter trat näher an das Gitter heran, um die Affen noch besser mustern zu können. Die Affen schnitten schreckliche Grimassen und gaben heisere Laute von sich. Plötzlich aber schrien sie und prügelten sich. Die Kinder wichen erschrocken vom Käfig zurück.

Peter sah zu der Kindergärtnerin auf.

„Was machen sie denn, Fräulein Molnar?", fragte er.

„Sie raufen sich", antwortete Fräulein Molnar lächelnd. „Kommt dir das nicht bekannt vor?"

„Nein", entgegnete Peter leise.

„Sonderbar! Und du kennst auch niemanden, der sich ebenso gern rauft?"

Peter flüsterte rasch: „Wir wollen von hier weggehen. Ich kann die Affen nicht leiden."

Beim Anblick des Elefanten aber riss Peter Mund und Nase auf. Und auch Panni hielt den Atem an, als sie an dem mächtigen grauen Tier mit dem langen Rüssel und den gewaltigen Stoßzähnen hinaufsah. Sie hatte zu Hause einen Elefanten, den man aufblasen konnte. Aber

der war ganz klein und leicht, und auch der Elefant im Bilderbuch war nicht viel größer als ihr Gummitier.

Als der Elefant ihr plötzlich den Rüssel entgegenstreckte, bekam sie doch ein bisschen Angst. Sie wusste genau, auch Peter fürchtete sich vor dem riesigen Tier. Doch er ließ es sich nicht anmerken. Laut kreischte und hopste er vor dem Elefanten hin und her.

„Was willst du denn, du dummer Elefant!", rief er. „Du bekommst gleich einen Klaps von mir auf deinen langen Schlauch!"

„Das ist ein Rüssel, Peter", sagte Fräulein Molnar. „Mit ihm bittet er um einen guten Bissen. Aber auf der Tafel dort steht, dass es verboten ist, den Elefanten zu füttern."

In diesem Augenblick brach Pötyi, ein kleines Mädchen mit Brille, in lautes Weinen aus.

„Was ist denn?", fragte Fräulein Molnar besorgt und beugte sich zu ihr.

„Der … der Elefant … er hat mich ganz böse angeguckt, und gleich wird er mich fressen", schluchzte sie.

Die Kindergärtnerin nahm sie auf den Arm.

„Hab keine Angst", beruhigte sie die Pötyi, „er kann nicht aus seinem Käfig herauskommen."

Panni sah, dass Peter verstohlen zu Fräulein Molnar hinüberschielte. Rasch steckte er einen großen Kieselstein in den Rüssel des Elefanten. Der Elefant rollte den Rüssel ein. Bestimmt glaubte er, es sei ein Brötchen. Als er aber auf den Stein biss, spuckte er ihn aus. Wütend warf er den Rüssel empor und trompetete laut.

„Hrummpf!", stieß er grollend hervor.

Vor Schreck wichen die Kinder ein paar Schritte zurück. Fräulein Molnar sah sich um.

„Was ist denn geschehen?", fragte sie.

„Nichts", antwortete Peter hastig. „Das ist ein boshafter Elefant. Und ein Angeber dazu! Er hat etwas Hartes gefressen, und jetzt spült er es mit Wasser herunter."

Und tatsächlich schlürfte der Elefant mit seinem langen Rüssel Wasser aus einem Eimer. Die

Kinder gingen weiter. Peter blieb ein Stückchen zurück und streckte dem Elefanten die Zunge heraus. In diesem Augenblick ergoss sich aus dem Rüssel des Elefanten ein mächtiger, breiter Wasserstrahl über Peter. Er war im Nu von Kopf bis Fuß pitschnass.

Die Sonne schien warm, und Peter war bald wieder trocken. Bei den Waschbären hatte er schon alles vergessen.

Auf den Hinterbeinen sitzend, bettelten die immer hungrigen Waschbären um eine kleine Gabe. Eine Frau warf ihnen einen Kanten Weißbrot zu. Der flinkste Waschbär packte das Brot und lief damit zu einem kleinen Wasserbecken. Mit ernster Miene spülte er das Brot ab. Dann fraß er es auf.

„Nein, so was!" Panni staunte. „Warum macht er denn das?"

„Er findet, sein Futter ist so sauberer und schmeckt besser", sagte Fräulein Molnar.

„Und ist es wirklich besser, wenn er alles vorher wäscht?", fragte Peter.

„Für ihn ist es besser."

An einem kleinen Tisch entdeckte Panni einen merkwürdigen Vogel mit einem riesigen bunten Schwanz. Wie ein geöffneter Fächer sah er aus. Geziert schritt der Vogel einher und hielt den kleinen, mit einer Federkrone geschmückten Kopf stolz in die Höhe.

„Ach, ist der schön!", rief Panni aus. „Wie heißt er denn?"

„Das ist ein Pfau, Panni. Ein schöner, aber sehr eitler Vogel."

„Ich möchte gern einen Pfau haben", meinte Panni.

„Was würdest du denn mit ihm machen?", fragte Fräulein Molnar.

„Ich würde ihn mit nach Hause nehmen und mit ihm spielen."

„Und ich würde lieber einen Waschbären mitnehmen", erklärte Peter. „Dann braucht meine Mutti nicht mehr zu waschen. Kann man den Pfau eigentlich essen?", fragte er plötzlich.

„Pfauenfleisch schmeckt nicht gut", sagte Fräulein Molnar.

„Kann er denn wenigstens singen?", forschte Peter weiter.

„Er kann singen. Aber niemand hat Freude an seinem Gesang. Hör nur zu!"

„Ha! Ha! Kra!", schrie der Pfau mit heiserer Stimme.

„Es hört sich an, als ob er schimpft!", sagte Panni erschrocken. Den Pfau wollte sie doch lieber nicht mit nach Hause nehmen. Sie fürchtete sich ein bisschen vor ihm.

Der große alte Löwe schritt in seinem Käfig hin und her. Er schlug mit dem Schwanz auf den Boden und würdigte die Kinder keines Blickes.

„Er ist böse, weil Panni ihn gekränkt hat", behauptete Peter. „Panni hat zu ihm gesagt: ‚Miez, Miez, komm doch mal her!' Als ob er eine kleine Katze wäre. Dabei ist der Löwe schrecklich stark und der König der Tiere."

„Er schlägt so unruhig, weil er Hunger hat", erklärte Fräulein Molnar. „Er wird gleich gefüttert. Und wir gehen jetzt nach Hause. Es ist schon spät. Das Mittagessen wartet auf uns. Wenn ihr alle auf dem Heimweg hübsch brav seid, dann suchen wir uns am Nachmittag die Tierbilderbücher heraus."

Nach dem Mittagsschlaf sahen sich die Kinder Bilderbücher an. In ihnen waren alle die Tiere abgebildet, die sie im Tierpark kennengelernt hatten. Sie blätterten in den Bilderbüchern, bis sie von Mutter, Vater oder Oma abgeholt wurden.

Auf dem Nachhauseweg stand Pannis Mund nicht einen Augenblick lang still. So viel hatte sie ihrer Oma vom Besuch im Tierpark zu erzählen.

„Beinahe hätte ich dir einen Pfau mitgebracht", erzählte sie begeistert. „Aber dann hat er angefangen zu schimpfen. Ich habe ihn lieber dort gelassen."

„Ein Glück", meinte Oma. „Denn wo hätte der Pfau schlafen sollen? Bei dir etwa?"

„Er hätte doch oben auf der Lampe schlafen kön-nen", meinte Panni.

„Welches Tier hat dir denn am besten gefallen?", fragte Oma.

„Die Teddybären und die Waschbären", antwortete Panni, ohne zu überlegen.

Die Waschbären hatten Panni so sehr gefallen, dass sie kaum das Abendessen erwarten konnte. Die Oma stellte Panni das Essen auf den Küchentisch. Als sie ihr einen Augenblick lang den Rücken zuwandte, glitt Panni rasch vom Stuhl und spülte unter der Wasserleitung ihr Brötchen ab. Die Dusche bekam dem Brötchen jedoch gar nicht gut. Es wurde groß und schwammig. Panni biss hinein, aber am liebsten hätte sie den Happen gleich wieder ausgespuckt. Es schmeckte, als hätte sie einen nassen Waschlappen im Mund. Sie war deshalb froh, als ihr Oma das Brötchen wegnahm.

„Wie kommst du nur darauf, das Brötchen unter die Wasserleitung zu halten?", fragte Oma kopfschüttelnd.

„Die Waschbären haben ihr Frühstück doch auch gewaschen", sagte Panni kleinlaut. „Ich habe gedacht, dann schmeckt es besser."

„Na, und hat es besser geschmeckt?"

„Nein, es war, als ob ich von einem nassen Waschlappen abgebissen hätte."

„Na, siehst du! Du hast vergessen, dass du ein kleines Mädchen und kein Waschbär bist."

Aber nicht nur Panni, sondern auch Peter vergaß, dass er kein Waschbär war. Er schüttete sein ganzes Abendessen in das mit Wasser gefüllte Spülbecken. Dann versuchte er, die Kartoffelsuppe, den Milchreis und das Apfelkompott zu essen.

„Und ging es denn?", erkundigte sich Panni neugierig am nächsten Morgen im Kindergarten.

„Sehr schwer", antwortete Peter. „Die Kartoffeln sind mir alle aus der Hand gerutscht. Wenn ich fest zupackte, dann hatte ich Apfelmus zwischen den Fingern. Den Reis habe ich überhaupt nicht gefunden."

„Es ist viel besser so zu essen, wie es die Menschen tun", sagte Panni. Und dieses eine Mal stimmte Peter ihr zu.

IMRE KUKURUZ UND TILLA PIRIPO

Allmählich wurde es Herbst, und als Panni eines Tages aufwachte, schneite es. Der erste Schnee aber erinnerte sie an Weihnachten. Sie begann, sich auf den Weihnachtsmann zu freuen. Wenn sie bis dahin hübsch brav war, würde er sie bestimmt besuchen.

Panni ging jeden Morgen gern in den Kindergarten. Sie würde wieder ein neues Spiel lernen, ein neues Märchen hören oder Geschenke basteln. Panni konnte jetzt schon schöne runde Kreise auf das Papier zeichnen. Früher wurden alle Kreise krumm und schief.

Jetzt aber zeichnete sie herrliche runde Perlen, Seifenblasen, Reifen und Bälle.

So sahen sie aus! Und wisst ihr, wie es kam, dass ihre Kreise so hübsch rund wurden? Fräulein Molnar gab den Kindern glänzende, bunte Perlen in die Hand. Panni betrachtete die Perlen genau. Sie befühlte sie mit den Fingern und versuchte sie nachzuzeichnen. Zuerst glückte es ihr nicht. Sie bekam von der Kindergärtnerin Seidenpapier, das sie zu kleinen Kugeln zusammenpressen sollte. Aber auch diese Kügelchen waren noch immer bucklig.

Panni versuchte es mit Plastilin. Und endlich gelang es ihr.

Zu Hause erzählte Panni Oma und Tamara, wie sie aus Plastilin   Perlen geformt hat. Oma war gerade dabei, einen Kuchen zu backen. Sie gab Panni und Tamara gelbe Plastiline, damit sie zeigen konnten, was sie gelernt hatten.

Tamara knetete zuerst sieben Kugeln. Zwei große, vier kleine und eine ganz winzige. Als sie damit fertig war, bat sie Oma um kleine Holzstäbchen. Sie spießte die Kugeln auf die Holzstäbchen auf.

„Das hier ist Imre", erklärte sie und stellte das kleine Männlein mit den Füßen auf ein Brettchen. Das Männlein konnte jedoch nicht sehen. Es hatte keine Augen. Und essen oder sprechen konnte es auch nicht, es fehlte ihm ein Mund. Tamara machte ihm zwei Augen und eine Nase und einen Mund.

„Ein nettes Männlein ist dieser Imre", sagte Oma. „Aber wie heißt er weiter? Wie ist sein Familienname?"

„Imre Kukuruz", antwortete Panni rasch.

„Gut", sagte Tamara. „Er heißt also Imre Kukuruz."

Und dann knetete auch Panni eine kleine Figur.

„Das ist Tilla Piripo", sagte Panni und stellte sie neben Imre Kukuruz auf.

„Warum nennst du dein Mädchen gerade Tilla Piripo?", fragte Oma lachend.

„Jutkas Puppe heißt so. Imre Kukuruz und Tilla Piripo wollen zusammen einen Ausflug machen.

„Dann müssen sie auch einen Wanderstab haben", meinte Oma.

„Das ist wahr", rief Panni. Sie drückte Tilla Piripo sofort ein Holzstäbchen in die Hand. Imre Kukuruz aber bekam von Tamara einen Wanderstock.

„Aber nun müsst ihr noch einen Hund kneten", sagte Oma, „denn wer wird auf die beiden aufpassen, wenn sie im Wald unter einem Baum einschlafen?"

„Einen Hund?", fragten die beiden Mädchen verwundert.

„Du hast recht, Oma", sagte Panni. „Sogar zwei Hunde müssen wir haben." Sie begann sofort zu kneten.

„Während der eine Hund sich ausruht, hält der andere Wache", sagte Tamara. Und im Handumdrehen standen zwei Hunde neben Tilla Piripo und Imre Kukuruz. Der eine war klein und hatte einen großen Kopf, der andere war groß und hatte einen kleinen Kopf. Sie hießen Sitti und Sutti. Nun, die beiden würden sicher alle in die Flucht schlagen, die Tilla Piripo und Imre Kukuruz etwas zuleide tun wollten!

„Aber wer soll ihnen etwas zuleide tun?", fragte Oma.

„Nun, vielleicht … vielleicht der dicke Onkel Bikrin, der aus dem Baum, unter dem Tilla und Imre schlafen, Honig stehlen möchte", sagte Tamara.

„Der Baum ist innen hohl und voll von Honig", erklärte Panni der Oma.

„Er ist die Speisekammer der Bienen, in der sie ihren Honig aufbewahren", sagte Tamara.

Rasch begannen sie, den dicken Bikrin zu formen.

Der dicke Bikrin schlich mit einem großen Topf zum Baum, um Honig zu stehlen.

Da brachen die beiden Hunde in wütendes Gebell aus. Das Kläffen weckte Imre und Tilla. Aber nicht nur sie erwachten davon, auch viele, viele Bienen, die ihren Honig bewachten. Die Bienen und auch die Hunde fielen über den dicken Bikrin her. Er wurde dabei schlimm zugerichtet.

„Jetzt habt ihr keinen dicken Bikrin mehr", sagte Oma zu Tamara, die den Dieb zusammen-
presste.

„Dann mache ich einen neuen", meinte Tamara lachend.

„Diese Geschichte war so schön. Sie hat selbst den Bienen sehr gefallen." Oma schmunzelte.

„Woher weißt du denn das, Oma?", fragte Panni.

„Weil sie mir ein bisschen Honig für euch geschenkt haben. Und diesen Honig streiche ich
jetzt auf eure Butterbrote."

Die Mädchen freuten sich.

Und eines ist sicher: Es waren die herrlichsten Honigbrote, die sie je gegessen hatten.

WOANDERS-LAND

Das Wetter war trübe und regnerisch, und Panni wachte sehr missmutig auf. Als Erstes ärgerte sie der rote Schuh. Er hatte einen Bonbon verschluckt. Panni hatte ihn sich abends, vor dem Schlafengehen, heimlich in den Mund gesteckt, und er war ihr herausgefallen. Nun aber drückte sich der Bonbon in die Fußsohle, und das tat sehr weh. Allein jedoch konnte sie den hohen Schnürschuh nicht aus- und anziehen. Auch der Mantel ärgerte sie. Dauernd knöpfte er sich

schief zu. Es dauerte lange, bis die Knöpfe endlich in den richtigen Knopflöchern saßen. Selbst mit den Handschuhen gab es Ärger. Einmal saß der rechte auf der linken Hand, dann wieder zog sie den linken über die rechte Hand. Unterwegs riss Peter ihr die Frühstückstasche ab, als er versuchte, seine Mütze wiederzubekommen. Panni hatte sie ihm weggenommen.

Warum? Sie war heute mit allen böse.

Selbst im Kindergarten gefiel es ihr nicht. Und auch daran hatte das schlechte Wetter Schuld.

Panni saß da und zog einen Flunsch.

„Was hast du denn, Panni?", fragte Fräulein Molnar.

„Ich will nicht mehr hierbleiben", sagte sie verdrossen.

„Wo willst du denn hin?"

„In das große Kaufhaus. Oder zu der Geflügelfarm, wo wir neulich waren, wo die Küken und die kleinen Kaninchen sind. Oder auf die Margareteninsel."

„Aber es regnet doch."

„Der Regen soll aufhören! Bitte, gehen Sie mit uns zur Pioniereisenbahn! Ich möchte weg von hier und woanders hingehen", schrie Panni und fing an zu weinen.

„Warum gefällt es dir hier nicht mehr? Sieh nur, wie hübsch dieser kleine Tierkindergarten ist!"

„Ich will aber woanders sein", rief Panni trotzig und stampfte mit dem Fuß auf.

„Ich verstehe …", sagte Fräulein Molnar und nickte. „Du möchtest also in das Woanders-Land gehen, nicht wahr?"

„In das Woanders-Land?", fragte Panni erstaunt.

„Wo liegt denn dieses Woanders-Land?", wollte Peter wissen.

Genau dieselbe Frage stellte Mucki Murrkopf der alten Kröte, die ihm immerzu von dem Woanders-Land vorschwärmte. Mucki Murrkopf hieß deshalb so, weil er immer unzufrieden war und an allem etwas auszusetzen hatte. Er wohnte in einem tiefen Wald, am Ufer eines klaren Baches. In dem Wald gab es viele Himbeeren, Blaubeeren und Brombeeren. Fleißige Bienen sammelten aus den Blüten der Akazienbäume den Honig und gaben von ihrem Vorrat auch gern der Bärenfamilie etwas ab. Aber alles das genügte Mucki Murrkopf nicht. Er brummelte ständig. Bald maulte er, weil seine Geschwister größer und stärker waren als er. Bald murrte er, weil er immer als Letzter von seinen Eltern Honig bekam. Und er nahm es auch übel, dass seine drei Geschwister rascher als er Himbeeren pflücken konnten. Oft beklagte er sich bei der alten Kröte und jammerte ihr etwas vor.

„Ja, ja, du hast ganz recht", sagte sie, als er ihr wieder einmal sein Leid klagte. „Ich verstehe dich sehr gut. Im Woanders-Land freilich ist alles ganz anders. Dort würdest du immer als Erster Honig bekommen."

„Wo liegt denn dieses Woanders-Land?", fragte Mucki Murrkopf sehnsüchtig.

„Wo es liegt?", wiederholte die Kröte und blies sich wichtigtuerisch auf. „Wo soll es schon liegen? Woanders. Woanders und nicht hier."

„Aber wie komme ich dort hin?", erkundigte sich Mucki ungeduldig.

„Das ist ganz einfach", erklärte die Kröte. „Du musst einfach von hier weggehen."

„Ist es weit?"

„Nein, gar nicht. Wenn du dort ankommst, wo alles besser ist als hier, dann bist du im Woanders-Land."

Mucki Murrkopf wurde schrecklich aufgeregt. „Ich gehe jetzt und pflücke mir ein paar Himbeeren für den Weg", sagte er.

Er stapfte ungestüm und geräuschvoll durch das Unterholz davon. Lange war er schon gewandert. Er wurde müde. Auf einer Lichtung streckte er sich aus und schaute sich um. Diesen Teil des Waldes kannte er nicht. Weder Beeren noch Wasser sah er weit und breit. Und er hatte schrecklichen Hunger und Durst.

„Was soll ich denn nur machen?", rief er traurig. Gerade wollte er in Tränen ausbrechen, als sich ein Häschen unter den großen Blättern des Wegerichs hervorstahl.

„Guten Tag", sagte da das Häschen. „Wenn Sie Durst haben, dort zwischen den beiden Steinen fließt klares Wasser. Da können Sie trinken, Meister Petz."

Das ließ sich Mucki Murrkopf nicht zweimal sagen, er lief zum Bach und trank in großen Zügen von dem frischen Quellwasser. Dann starrte er das Häschen an.

„Ist das hier das Woanders-Land?", fragte er.

„Das glaube ich nicht", sagte der kleine Hase betrübt. „Ich bin auch auf der Suche nach diesem Land. Darf ich Sie begleiten?" Mucki Murrkopf war das sehr recht.

„Na, dann wollen wir uns auf den Weg machen", sagte er, als wüsste er, wohin er sich wenden musste.

Eine Zeitlang trabten sie schweigend nebeneinander her. Dann fragte Mucki Murrkopf den Hasen nach seinem Namen.

„Darüber habe ich mir auch schon den Kopf zerbrochen", sagte der Hase. Er war vom Laufen ein wenig atemlos, und seine langen Schlappohren baumelten in der Luft hin und her. „Ich glaube, ich heiße ‚Ach du Dummerjan'."

„Ach du Dummerjan! So einen Namen habe ich noch nie gehört", sagte Mucki Murrkopf. „Wie kommen Sie denn darauf?"

„Weil alle immer zu mir sagen: ‚Ach du Dummerjan!'"

„Dabei sind Sie doch gar nicht dumm", stellte Mucki Murrkopf fest.

„Nein, ich bin nicht dumm. Das ist es ja gerade!", klagte das Langohr.

„Aber was kann ich dagegen tun? Sogar der Wegerich, unter dem ich mich eben versteckt habe, redete mich mit Ach du Dummerjan an. Es ist wirklich sehr peinlich."

„Nun, ich selbst würde Sie am liebsten Schlappi nennen."

„Mit dem größten Vergnügen, es ist mir eine Ehre", sagte der Hase höflich.

Allmählich war es Abend geworden. Zum Umfallen müde, schauten sich die beiden Tiere nach einem Nachtlager um. Aber man konnte nichts sehen. Über den ganzen Wald hatte sich tiefe Dunkelheit gebreitet.

„Vielleicht sind wir schon im Woanders-Land und merken es nur nicht, weil es so finster ist", meinte Mucki Murrkopf ärgerlich.

„Wäre es nicht das Beste, wir schlafen jetzt ein wenig?", schlug der Hase vor. „Morgen früh wird es sich schon herausstellen, wo wir sind."

Am nächsten Morgen wachten sie tatsächlich nicht im Woanders-Land auf, sondern unter einem Wespennest. Und sie liefen schleunigst davon, um nicht von den Wespen gestochen zu werden.

Unterwegs erkundigten sie sich bei einer Eidechse, bei einem Igel und bei einem Hirschkäfer, wie sie in das Woanders-Land kämen. Nicht eines von den drei Tieren wusste es.

Mucki Murrkopf bereute bereits bitterlich, dass er sich aufgemacht hatte, um das Woanders-Land zu suchen. Aber er schämte sich, das vor dem Hasen zuzugeben. Er sehnte sich unendlich nach seinen Eltern, nach seinen Geschwistern und nach dem bekannten Bach.

„Wenn ich noch ein einziges Mal zu Hause sein könnte", jammerte nun auch das dumme Häschen.

„Nie mehr würde ich von zu Hause weggehen", seufzte Mucki Murrkopf. Aber dieses Jammern und Murren besserte ihre traurige Lage nicht. Der Abend brach herein. Vor Hunger, Müdigkeit und Angst begannen beide bitterlich zu

weinen. Die Eule Bonifa Huhu, die gerade aufwachte, hörte das Schluchzen. Eulen stehen dann auf, wenn sich die anderen Tiere zur Ruhe legen.

„Was ist denn hier los? Warum macht ihr denn am frühen Abend solchen Krach?", fragte sie die weinenden Tiere streng.

„Wir sind schrecklich unglücklich", stieß Mucki Murrkopf verzweifelt hervor. Und dann erzählte er Bonifa Huhu der Reihe nach, was sie alles erlebt hatten. Die Eule schüttelte den Kopf.

„Noch niemand hat dieses Woanders-Land erreicht", sagte sie, „mag er auch Tage, ja Wochen hindurch gewandert, gerannt oder geflogen sein. Und deshalb rate ich auch euch: Kehrt jetzt hübsch um, ich werde euch nach Hause bringen."

Wortlos, kleinlaut und voller Dankbarkeit folgten die beiden Tiere der langsam fliegenden Eule. Und als der Morgen graute, sahen sie endlich den lieben, vertrauten Bach, die bekannten Büsche und Bäume wieder.

„Wo seid ihr denn gewesen?", rauschte das Laub, raschelte das Gras und plätscherte das Wasser.

„Im Woanders-Land", sagte Mucki Murrkopf.

„Jawohl, im Woanders-Land", bestätigte der Hase.

„Und wie ist denn das Leben in diesem Land?", flüsterte eine neugierige kleine Eidechse.

„Schlecht, furchtbar schlecht", riefen Mucki Murrkopf und das Häschen wie aus einem Munde. „Im Woanders-Land haben wir gehungert, gefroren und immerzu Angst gehabt. Hört nicht auf die böse Kröte!"

Und so geschah es auch. Es gelang der Kröte nie mehr, ein Tier in das Woanders-Land zu schicken. Sie verließ den Wald und wanderte aus. Sie suchte einen Ort, wo man ihr noch glaubte. Und was meint ihr, wo sie diesen Ort gefunden hat?

„Wo denn?", fragte Panni aufgeregt.

„Im Woanders-Land", antwortete Fräulein Molnar lächelnd. „Im Woanders-Land, also nirgends, denn

ein solches Land gibt es nicht. Nun, Panni, ... willst du noch immer in das Woanders-Land gehen?"

„Nein", sagte Panni leise. „Ich möchte hierbleiben!" Und sie tauchte den Pinsel in die blaue Farbe und bemalte den kleinen Elefanten aus Ton, den ihr die Kindergärtnerin gegeben hatte.

DER SCHNEEMANN SCHMILZT

Panni bekam sehr schöne Geschenke zu Weihnachten. Der Weihnachtsmann hatte oft in seinen Sack gegriffen und ein Paket nach dem anderen für sie herausgeholt. Ein Tuschkasten, Pinsel, kleine Schalen und ein Malheft lagen auf dem Geschenktisch. In der großen, hellgrünen Puppenküche stand ein blitzender Herd mit

roten Töpfen, und auf den Regalen reihten sich kleine Gläser mit Marmelade und Kompott aneinander.

Auch im Kindergarten vergingen die Tage fröhlich. Fräulein Molnar sagte Panni viele lobende Worte. Auf der Weihnachtsfeier durfte sie ein Gedicht aufsagen.

Oma war auf dieser Feier sehr stolz auf Panni.

Nach dem Weihnachtsfest verflogen die Tage nur so. Als Oma eines Morgens aus dem Fenster sah, sagte sie verwundert: „Wie doch die Zeit vergeht. Heute ist der erste Frühlingstag, Panni."

Ein vergnügter Sonnenstrahl stahl sich durchs Fenster. Das ganze Zimmer begann auf einmal zu leuchten.

„Oh, wie schön!", rief Panni. „Dann kann ich ja heute Söckchen anziehen und ein Sommerkleid."

„Ich fürchte, das wäre noch ein bisschen zu früh. So warm ist die Sonne noch nicht. Du könntest dir einen tüchtigen Schnupfen holen."

Oma zog also Panni genauso warm an wie im Winter. Und Oma hatte recht. Schon als sie auf dem Weg zum Kindergarten waren, fing es an zu schneien. Die Flocken wirbelten dicht. Man konnte kaum etwas sehen.

Als die Kinder nach dem Mittagsschlaf in den Garten gingen, lag der Schnee schon knöchelhoch, und auch die roten Bänke waren von dicken Schneepolstern bedeckt.

„Wie lieb vom Winter, dass er uns zum Abschied noch einmal so viel Schnee schickt", sagte Fräulein Molnar. „Wir werden einen Schneemann bauen."

Sie bückte sich, häufte mit den Händen einen großen Schneeberg auf und begann ihn zu rollen, zu klopfen, zu kneten und zu glätten. Und es dauerte gar nicht lange, da stand dick und groß ein Schneemann mit weißem Bart im Garten. Fräulein Molnar machte ihm aus zwei Kohlestücken Augen, eine Mohrrübe ersetzte die Nase, und in seinem Mund steckte eine alte Pfeife. In der Hand hielt er eine ausgediente Schöpfkelle, und auf seinem Kopf saß eine Papiermütze.

„So!", sagte die Kindergärtnerin und nickte zufrieden. „Und jetzt bauen wir einen Tisch vor ihm auf."

Glücklich und voller Eifer schafften die Kinder den Schnee herbei. Im Nu war der Schneetisch fertig. Sie formten Schüsseln aus Schnee, füllten sie mit festen Schneebällen und stellten sie auf den Tisch.

„Na, wenn der Schneemann die Schneeklöße alle aufisst, dann ist er morgen früh kugelrund", meinte Fräulein Molnar. „Jetzt aber rasch ins Haus, sonst erkältet ihr euch!"

Die Kinder trennten sich nur sehr schwer von dem Schneemann. Sie hätten schrecklich gern zugesehen, wie ihm die Schneeklöße schmeckten.

In der folgenden Nacht träumte Panni vom Schneemann. Er saß im Garten des Kindergartens auf der Bank. Er war sehr lieb zu ihr, lächelte und nickte. Aber sprechen konnte er nicht, denn in seinem Mund steckte ein großer Kloß. Und in der Schüssel lag nur noch ein einziger Kloß. Panni nahm ihn heraus, aber er verschwand aus ihrer Hand.

Auch der Schneemann wurde immer dünner und kleiner.

„Oh … warum schrumpeln Sie denn so zusammen?", fragte sie bestürzt.

„In der Sonne muss ich schmelzen, Panni. Wenn der Herbst vorüber ist, komme ich wieder. Aber jetzt sind die Knospen an Bäumen und Sträuchern schon sehr ungeduldig und wollen aufbrechen."

Und der Schneemann wurde kleiner und kleiner und verschwand bald völlig. Panni sah, wie der letzte weiße Fleck taute und in der Erde versickerte. Plötzlich aber schoss an derselben Stelle ein schmaler, grüner Blütenstängel aus dem Boden. Ein dünnes Stimmchen sagte: „Da bin ich! Guten Tag, Panni."

„Wer bist du denn?", fragte Panni erstaunt.

„Ich bin ein Schneeglöckchen", stellte sich der kleine Blütenstängel vor.

„Ich habe noch nie ein Schneeglöckchen-Kind gesehen", sagte Panni vergnügt. Darf ich mit dir spielen?"

„Psst! Wir dürfen nicht so laut sein. Und mit mir spielen kannst du jetzt nicht, du musst gleich aufwachen."

Und so war es auch. Panni wachte auf. Sie konnte es kaum erwarten, in den Kindergarten zu kommen. Es war strahlender Sonnenschein.

„So ein närrisches Wetter!", sagte Oma kopfschüttelnd. „Gestern schneite es noch, und heute scheint die Sonne so heiß wie im Sommer."

Von dem Schneemann war keine Spur mehr zu finden, und auch der Schnee war verschwunden. Die roten Bänke glänzten feucht in der Sonne.

Panni suchte mit den Blicken den Rasen ab.

„Was suchst du denn da?", wollte Peter wissen.

„Ein Schneeglöckchen-Kind", antwortete Panni. „Ich möchte mit ihm spielen. Es muss hier irgendwo sein."

Peter und Jutka beteiligten sich an der Suche nach dem Schneeglöckchen-Kind. Aber sie fanden es erst nach Tagen unter einem Baum.

„Ich habe zu Hause zwei Geranientöpfe", erzählte Jutka stolz.

„Und ich fahre im Sommer wieder zum Plattensee. Bei Tante Kati bekomme ich ein Beet ganz für mich allein. Das darf ich selbst umgraben und mit Blumen bepflanzen!", übertrumpfte Panni sie. Als sie an das Blumenbeet dachte, fie-

len ihr Tante Kati ein und der Hund Schmirgel und die Katze Schimpaiko. Auf einmal hatte sie große Sehnsucht nach ihnen und wäre am liebsten bei ihnen gewesen.

„Oma, wann fahren wir denn wieder zu Tante Kati?", fragte sie am Abend.

„Willst du denn nicht mehr in den Kindergarten?"

„Doch, Oma, ich gehe gern in den Kindergarten", antwortete Panni. „Und ich freue mich, dass ich nach den Sommerferien schon zu den größeren Kindergartenkindern gehöre."

„Na also!", sagte Oma lächelnd. „Und zu Tante Kati fahren wir nächsten Monat. Gleich nach deinem Geburtstag."

Zu ihrem Geburtstag bekam Panni ein neues Pünktchenkleid. Und lange noch hieß sie bei allen: Panni Pünktchen.

INHALTSVERZEICHNIS

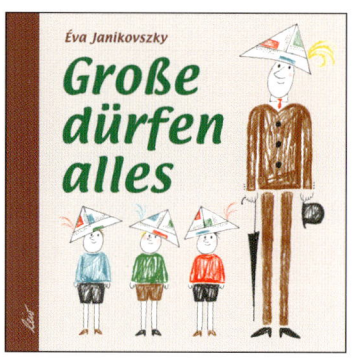

Große dürfen alles
Text: Éva Janikovszky
Illustrationen: László Réber
32 Seiten, mit farbigen Illustrationen
20 cm x 23 cm · € 9,90
ISBN 978-3-89603-210-2

Balthasar und Barnabas
Text: Éva Janikovszky
Illustrationen: László Réber
32 Seiten, mit farbigen Illustrationen
20 cm x 26 cm · € 9,90
ISBN 978-3-89603-209-6

Ungarische Kinderbücher

Kater Schnurz im Märchenland
Text: Jenö Kálmán
Illustrationen: Béla Tankó
48 Seiten, mit farbigen Illustrationen
20 cm x 26 cm · € 10,90
ISBN 978-3-89603-079-5

Kater Schnurz unternimmt
eine abenteuerliche Reise
ins Märchenland.
Dort begegnen ihm
viele alte Bekannte,
wie Rotkäppchen,
Schneewittchen und der
Gestiefelte Kater. Reich an
neuen Erfahrungen kehrt
Schnurz schließlich wieder
nach Hause zurück.

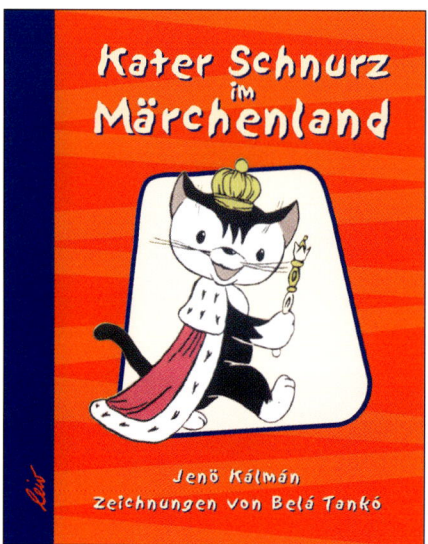

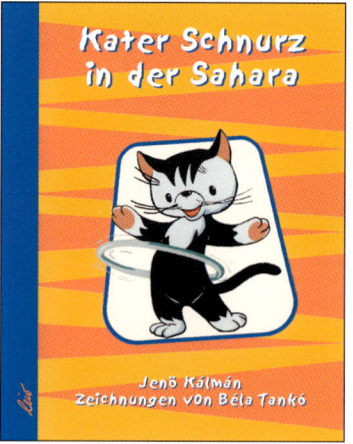

Kater Schnurz in der Sahara
Text: Jenö Kálmán
Illustrationen: Béla Tankó
48 Seiten, mit farbigen Illustrationen
20 cm x 26 cm · € 10,90
ISBN 978-3-89603-138-9

Kater Schnurz verschlägt es diesmal nicht
nur in die Sahara, sondern auch zum
Nordpol und auf einen Bauernhof.
Mit von der Partie sind Malwinchen Strauß,
Löwe Leo und auch Fuchs Rudi …

Kleine Biene Nimmersatt
Text: Gyérgy Várnai
Illustrationen: Attila Dargay, Gyula Macskássy, Tibor Csermák
40 Seiten, mit farbigen Illustrationen
20 cm x 26 cm · € 10,90 · ISBN 978-3-89603-070-2

Ein richtiger Vielfraß ist die kleine Biene. Am allerliebsten isst sie den Honig, den sie gesammelt hat, allein auf. So wird sie nicht nur dick und träge, sondern sie weiß auch nichts von den Gefahren des Bienenlebens. Wären da nicht in allerletzter Not die Freunde zur Stelle gewesen, …

Mohrle
Text und Illustrationen von Éva Gábor
48 Seiten, mit farbigen Illustrationen
24 cm x 16,5 cm · € 9,90 · ISBN 978-3-89603-276-3

Mohrle, der schwarze Kater wollte unbedingt seinen Verwandten, den Löwen in Afrika besuchen. Weit und beschwerlich war die Reise

Panni Pünktchen
Text: Maria Szepes
Illustrationen: Anna F. Györffy
56 Seiten, mit farbigen Illustrationen
20 cm x 26 cm € 12,90
ISBN 978-3-89603-258-4

Der edle Hase Hyazinth
Text: István Frommer
Illustrationen: Béla Tankó
24 Seiten, mit farbigen Illustrationen
20 cm x 26 cm · € 10,90
ISBN 978-3-89603-220-1

Dies ist die ultimative Erklärung für die Herkunft des Ostereis.

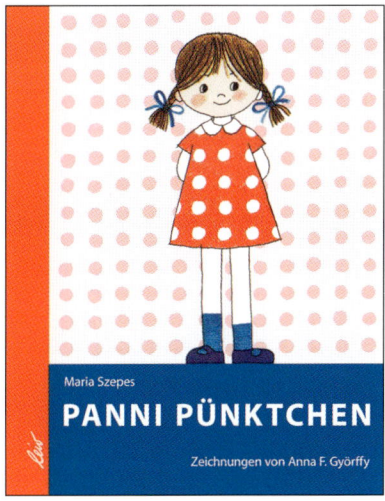